I0788327

BDSM
Princess

PAMPERED PRINCESS PUP

PET PLAY WORD SEARCH

```
H A R N E S S G P P A H E L K
O W N E D S S G O I S H R S B
G J P X H E U N O A G I C P Y
Z F K H P R Y P E O G G O X Q
S Z K V W T J L C D D N Y W W
T E Q D R S Q U O H K B D S Y
A T V N J I K O R A L L O C P
I P R O Y M G Q L K W Q D Y P
L C J X O M C J Q I E M D U U
S N F S A H T T H T J N O Z P
F O Y S Q G T W O T Q H I C K
Z M T C E T E K H E J N Y D P
Y E U R G J K I Z N R O Z S I
R A M Z N S Z A D E Y F I E E
C S W A P I P C D D O I E Y W
```

COLLAR	KITTEN	PAWS
GOOD BOY	LEASH	PIGGY
GOOD GIRL	MASTER	PONY
HARNESS	MISTRESS	PUPPY
HOOVES	OWNED	TAILS

LICK MY
KITTY

DRAW YOUR DREAM COLLAR

LOVE

GOOD
GIRL

DRAW YOURSELF AS A PET!

I LOVE MY
KITTEN

Play Time
Master?

Zzz